내 삶의 교차로

김명동 제12시집

오늘의문학사

내 삶의 교차로

일러두기

본문에 사용한 '>'표시는 연과 연 사이의 '빈 줄'을 나타냅니다.

| 서문 |

  인생이란 길 위를 열심히 걸어왔다. 짧지도 길지도 않은 길, 모퉁이 돌아서고 다리도 건너며 해 질 녘 노을 가까이에 서 있는 나는 누구인가. 교차로의 이정표는 갈림길도 없는 정해진 이름표만 붙이고 지나가기를 기다린다.
  늦깎이에 들어선 문학의 길, 문학단체를 만들며 열정을 쏟아부었고 함께 공부해 온 이들을 추천해서 이름도 다 기억나지 않을 만큼 작가도 만들어 주고 책을 만드는 도움을 주며 분주하게 걸어온 길이 어느덧 삼십사 년, 돌아보니 참으로 많은 것들을 풀어놓으며 여기까지 왔다. 덕분에 부족하지만, 열두 번째 시집과 두 번의 동시집을 펴내게 되었다.
  고맙게도 시인이란 가난한 작가인 줄 알았는지 첫 번째와 두 번째를 뺀 열두 권의 책을 문화재단과 복지재단의 도움을 받는 행운을 안게 되었다.
  가슴에 연민이 남아있는 한, 끝이 없는 작가로 남아있고 싶은 소망이다.

| 목차 |

서문 • 5

제1부 누군가 오고 있다

햇살에게 • 13
간이역 • 14
가을밤에 합창 • 15
인생 종점 • 16
고독 • 17
연인 • 18
가을 • 19
세월이 가면 • 20
낙엽 • 22
명자 해당화 • 24
제주의 흰동백 • 25
누군가 오고 있다 • 26
낙화 1 • 28
2024 다시 새날 • 29
내 삶의 교차로 • 30
용두암 • 31
너 • 32
세월길 • 33

그곳에 당신이 있어야 • 34
짝사랑 • 36
앞에 놓인 길 • 37
꽃이 피는 날 • 38

제2부 대문 위의 능소화

마중 • 41
기다림의 몸짓으로 • 42
생명의 줄 • 43
빈 가슴 • 44
빈 잔 • 45
겨울 사랑 • 46
새날 • 47
홀씨 • 48
포장마차 • 49
반달 • 50
하루 • 51
황혼(黃昏) • 52
바람 • 54
대문 위의 능소화 • 55
파도 • 56

봄비 1 • 57
사파에서 하노이로 • 58
판시판 • 59
눈사람 • 60
봄비 2 • 61
빈 것(호) • 62
소 • 63
어디에 나를 두고 오듯 • 64

제3부 어제와 오늘 사이

4월 • 67
낙화 2 • 68
단풍 • 69
봄바람 • 70
어제와 오늘 사이 • 71
동행 • 72
빈 휘파람 • 73
거리의 무희 • 74
1993년 12월 31일 • 75
5월의 편지 • 76
벚꽃 지던 봄날 • 77

편지 • 78
휜 눈이 전하는 편지 • 79
    버린 고향엔 • 80
    낙화 3 • 81
   모란이 지는 날 • 82
        강 • 83
       봄밤 • 84
       잡초 • 85
      인생길 1 • 86
      꽃 사랑 • 87
      바른길 • 88

제4부 그냥 살다 보면

      영산홍 • 91
   상사화(相思花) • 92
      계절병 • 94
     당신의 손 • 96
      하늘비 • 97
     당신에게 • 98
     여름 한낮 • 99
    같이 삽시다 • 100

길 위에는 • 101
어느 여인 이야기 • 102
낙동강 칠백 리 • 104
푸념 • 105
금계국 핀 길 따라 • 106
꽃잎 떨어지고 • 107
바람이 • 108
그냥 살다 보면 • 109
꿈속에서라도 • 110
봄이 오면 • 111
이 순간 • 112
추억 속에 담긴 어린 날 • 113
인생길 2 • 114

작품 해설_문학평론가 리헌석 • 115

제1부

누군가 오고 있다

햇살에게

오늘도 아침을 데려와
눈을 뜨게 해주어
고맙습니다

파란 하늘에 그려놓은
구름을 볼 수 있게 해주어 고맙습니다

그리고
환하게 웃음 웃어주는
사랑하는 여인을 내 앞에 데려다주셔서 고맙습니다.

간이역

인적 끊긴
그 역에서
누군가 내린다
역무원도 떠난 지
오래된 작은 역
마중하는 사람도 없다
해묵은 의자에는
숱한 사연들이
색깔 변해 먼지처럼 쌓이고 있다
떠날 사람도 마중하는 이도 없어진
그 역엔
가끔 쉬어가는 열차가 아쉬움의 숨소리만 남기고 떠난다.

가을밤에 합창

가을 햇살이 외면하는
장막이 처진
무대 뒤에서 귀뚜라미들이
그들만의 언어로
합창을 한다
지휘자도 없는
연주자들이 모여
깊어지는 가을밤을 깨워가며
독창과 합창을 구성지게
밤 깊어지는 줄 모르고
서늘한 바람 뒤에 숨어
청중 없는 가을밤 노래를 부르고 있다.

인생 종점

인생아
시곗바늘 굴리며 돌아가는 길 잡으려고 애쓰지 마라
누구도 못 잡는 세월
잡으려고 애쓰지 마라

가자면 따라가고
쉬자면 쉬면 된다

말리는 사람 많아도
갈 수밖에 없는 길이라면 즐기면서 천천히 가면 되는 것을
못다 한 일 찾아서 하나씩 읽으며
후회는 지우면서 남은 인생의 종점까지 웃으며 살다 가자.

고독

하늘 위에 남은
작은 별 하나

바람이 흔들고 간 검은 밤
내 모습같이 외로워 보입니다

은하수 사이로 별빛 헤집고
혼자 서성이는 모습

초점 잃은 눈으로 거리를 방황하는
내 모습처럼 쓸쓸해 보입니다

달빛에도 갈증 나는
내 영혼 적셔줄
단비는 언제쯤 쏟아질까요.

연인

내 마음속에
물소리 같은
그리움이 있듯이

네 가슴속에도
허물어져 버릴 것 같은
보고픔이 있을 거다

네 눈가에 눈물이 흐를 때
먼발치로
그리움에 젖은
네 눈 속에도
이슬 같은 눈물방울이 있을 거다.

가을

빛바랜 풀잎이
바람을 불러 모은다

오동(梧桐)나무 가지에서
거문고 음률이 흐르는데

메말라 버린 내 마음속에
어머님의 자장가 소리
오래도록 귓가에 앉아 있습니다

하늘 받친
긴 장대 끝에
빨간 잠자리 한 마리
아픈 날개를 펄럭이며
가을을 보내기 아쉬움에 젖어 있습니다.

세월이 가면

세월이 가면
기억 속에 그림자가
하얗게 지워질까

돌아봐도 보이지 않는 그 추억이
그리움으로 달려오는데
나를 알아보는 사람 있을까

세월이 가면
창문 밖에서 날 부르던 목소리 주인공을
주름 깊은 얼굴이지만
다시 만날 수 있을까
오늘도 책갈피에 끼워둔
노란 은행잎이 나를 유혹하는데

세월이 가면
다시
돌아가고픈 그 시절 그때로 간다면
내 마음속에 묻혀있던
사랑한다는 그 말 잊지 않고
다 쏟아놓을 수 있을 텐데

〉
세월이 가면
사랑한다고 못 한 말 다시 할 수 있을까
내 목소리로….

낙엽

그대는 낙엽의
마지막 목 졸림에
갈증을 아느냐

저린 가지 끝에 매달려
힘없이 떨어지는
고통을 그대는 아느냐

노을빛에 물든
무거운 옷 벗어
던지려는 나무의 심술

작은 빗방울에도
숨죽이는 두려움

쉰 바람에 속삭임 없이
하나씩 던져주는
노란 손수건
그리고 피 묻은 빨간 손수건

〉
그대는 아느냐
가을이 이별 앞에 떨구는
피멍 든 잎새를
그대는
주울 수 있느냐?

명자 해당화

봄은 그렇게
겨우내
주체할 수 없는
시린 기다림을 담고 와
외로움에 진통하는
그대 입술에
빨간 립스틱을 칠해 놓았다.

제주의 흰동백

겨울 눈꽃처럼
시린 얼굴
푸른 잎새로 턱 받치고
봄을 부른다
어디에서 왔느냐고
물으면
들리지 않는 목소리로
봄이 불러서
바람이 데려와서
한라산 끝자락에
웃음을 머금는다고
대답 대신 겨울이 남긴 하얀 잔설이
미소를 짓는다.

누군가 오고 있다

무엇인가
오고 있다
인기척 같기도 하고

어디쯤인가
바람이 데려온
계절 같기도 하다
시간이 데리고 온 세월을
장마당에서 담아보려고 해보기도 한다

그래도
나는 느끼지 못하고
그냥 지나가고 있다

밤 별들이 어두운 마당에 나왔다가
아침 여명이 빛을 불러오면
햇살에 어두운 마당을 내어주고
어둠 뒤에 숨어 자취 없이 사라진다

〉
누군가 오고 있다
신호등을 기다리는 잠깐이
지루하게 느껴진다
저기 누군가 기척도 없이 오고 있다.

낙화 1

오늘
붉은 잎 하나
가지 끝에서 손을 놓는다

또 하나의
노란 잎 사연도 없이 떨어진다

가을바람이
이별의 사연 담긴
엽서 한 장을
산 너머로 날려 보낸다

이별은 그리움과
아쉬움을 담아
눈가를 촉촉하게 적시고 있다.

2024 다시 새날

붉은 아침 해가
문을 열고 환하게 웃는
새날이 밝았다

누군가는 즐거운 일
또 누군가에게는 절박한 일 두려운 일들이 덮어지고
숱한 사연들과 아쉬운 일들이 달력의
마지막 숫자를 지우며 지나갔다

다시 새날
스스로에게 담을
무엇인가를 위해
길 위에 서 있어야 한다
그 길이
온기 가득한 길이 되길
소망하면서
예약할 수 없는 길이지만
또 다른 시간을 위해 발걸음을 내딛는다.

내 삶의 교차로

어디로 가야 할지
두리번거리고 있다

녹색 신호등이
손짓하며 유혹을 던진다

사랑이 숨어 기다리는 곳
그곳으로 가고 싶다

추억이 있는 곳도
미련이 쌓인 곳으로도
발길을 옮기고 싶은데

방황의 끝머리
누군가 나를 기다리는 곳이
오라는 손짓을 자꾸만 보내는데

교차로 전봇대에 푸른 글씨
이정표가 시선 속에 들어와
화살표로 방향을 일러주고 있다.

용두암

하늘로 승천하고픈 바위는
지상에 묶인 억겁 사슬을 끊지 못하고
오늘도 거친 파도에 두들겨 맞으며 울고 있다
언제쯤 몇백, 몇천 년을 기다려야
살아 숨 쉬며 하늘 위로 날아갈 수 있을지
기다림으로 오늘도 애꿎은 물거품에 몸을 씻으며
그날을 위해 기도하는가.

너

살아온 지난날들이
참 힘들었구나
많이도 외로웠구나
누군가 반겨주는 이는 없었는지
손 내밀어도 잡아주는 이는 없었는지
세월에 물어봐도 등만 떠밀고
대답은 없고
야속한 사랑은 나를 외면하고
세월 채찍질만 하고
나를 안아주지 않고
덧없이 노을만 쫓아간다
모두 다 붙잡고 싶은데
손 내미는 이 아무 데도 없어
시린 가슴만 포개지고 있다.

세월길

세월이 나를 데리고
여기까지 왔다
고달픈 고개도 넘고
외로움의 강도 건넜다
손잡고 가는 사람도 있었고
버리고 떠난 사람도 있었다
하지만 세월은 멈추지 않았다
하고많은 사람 중에
나 혼자 지고 가는 짐이
무겁게 느껴지는 건
왜일지
나도 모른다
그냥 세월 속에 끌려왔다
세월이 가면 남아있는
그리움도 외로움도 지워지고
아름다움만 남아있게
해 주려나
세월에 물어보고 싶다.

그곳에 당신이 있어야

그곳에
당신이 있어야 한다는 것을
알고 있었습니다

내 마음이 그려놓은
하얀 햇살이 춤추는 마당
푸른 잎새 위에 이슬 내려와
갈증 난 목 축이며 아침을 여는 곳

그 울안에
당신이 미리 와있었습니다

한낮 태양 꽃이 눈부시도록
뜨거움으로 불을 붙여
세상이 다 녹아 없어진다 해도
나는 그곳에 당신을 위해 남아있겠습니다

밤이 어둠을 불러와
당신 모습을 감추어 놓으면
숨바꼭질하는 아이가 되어
코끝으로 스미는 향기로
그대를 찾게 해주는 밤이 깊어질 겁니다

〉
삶 속에 사랑이라는 것이
마음 가장자리에 자리를 잡고 있으면
그곳에는 언제나 당신이 있어야 합니다

때로는 아픔과 눈물이 훼방꾼처럼
심술을 부려도
서로에게 사랑을 물으며
다시 불꽃을 피우게 만드는 것입니다

당신과 내 삶의 숲길은 길이 없어도
먼저 간 발자욱이 보이지 않아도
손잡은 마음이 하나가 되면
길은 환하게 눈을 밝히며 열려 있을 겁니다.

짝사랑

손끝에 닿을 듯
잡히지 않는 그리움

눈감으면
동공 속에 자리 잡은
그대 모습

쉽지 않은
거리에 있지만
잡히지 않고
채워지는 아픔

상사화처럼
건너지 못하는

사랑 이야기로 남을까
두려움으로 남을까

연민의 깊은 수렁에 빠져 있다.

앞에 놓인 길

길 위에 잠시 서 있으면
어디로 가야 할지
눈앞에 들어오지 않을 때가 있다
방황의 끝이라고 생각 말고 기다려 보자

안개 속에 가려졌다고
길이 사라진 것이라고 생각 말라
햇살이 내리면
눈앞에 길이 기다리고 있을 것이니

어둠과 안개가 길을 막아도
길은 언제나
마음속에 활짝 문을 열고 있다
다시 발걸음을 옮기면 되는 것이러니.

꽃이 피는 날

꽃이 피는 날
전날 꽃잎 떨리는
진통이 있었는지 모른다
꽃이 피는 모습만 보고
아름답다고 칭찬한다
꽃을 피우기 위해
뿌리부터 잎새까지
작게 떨림으로
산통을 하고 있었는지
알 수가 없다
꽃이 지는 날도
눈여겨보지 않아서 모른다
꽃이 진다고 슬퍼하는
누구도 없다
그냥 무심히 지나가 버린다
잠에서 깨어나 이슬을 머금고 바람 소리를
듣고 있다

누군가를 사랑해 본 적이 있나 물어보고 싶다.

제2부
대문 위의 능소화

마중

인기척보다
싸한 바람이
먼저 가슴으로 파고든다

기다림은 시간 속에서
함께 바램을 만든다

문이 열리고
내가 알 수 없는
가면 쓴 사람들이
앞다투어 들어온다

발뒤꿈치를 들어 올려 보지만
마지막 발걸음 소리마저
나를 외면하고 문을 닫는다

마음이 시려온다
뒤쪽으로 시선을 돌려놓고
발걸음을 재촉한다.

기다림의 몸짓으로

설령
그곳이 어딜지라도

이제껏
못 가본 곳이면

그곳에선
누군가를
기다릴 수 있는 것일까

한길로 향한
오솔길을 바라보며
기다림의 몸짓으로

언젠가
당신을 만날 것을 믿고 있습니다.

생명의 줄

느낌마저 따스한 바람이
체온에 불을 지핍니다

활활 타오르고 싶은
사랑의 숨결이기에…

나는 당신 하얀 줄에 매달린
가여운 연(鳶) 같은 생명

당신의 하나 가득 풋풋한 향내가
가슴을 저리게 하고 있습니다.

빈 가슴

그 모두를
비워놓고 떠납니다

억장이 무너지듯
안기고 싶은 마음을 누르며

꽉 찬 그리움으로 가득한
그 마음 모두를 담고 싶어
비워놓고 떠납니다

눈시울 뜨겁게 달구던
그 웃음이
원망스럽기도 하였지만

타다 남은 불꽃처럼
사그라져 사라질까 두려워
그냥 비워두고 가렵니다.

빈 잔

빈 잔 넘치게
부어지는 외로움

채워질 수 없는
그리움 섞인 아픔

뒤돌아 잊어버려야 할
영혼 깊숙이 박혀있는
그 모습 때문에
눈앞이 아른거린다

절룩이는 반쪽뿐인 마음이
하얀 유리잔에 가득 부어지는 날
빈 잔 속에 담긴 외로움을
널 위해 마셔주리라.

겨울 사랑

서릿바람이
귓불을 시리게 하여도
그냥 오는 대로 거부하지 말자

겨울의 함박눈이
포근한 이불 되어
덮어 줄 테니까요

가슴에 작은 불꽃 사랑을 피워
추위를 이기면 되니까요

사랑의 불이 지펴지면
녹여줄 겁니다

겨울의 사랑은
흰 눈처럼 포근하고
따뜻해질 수 있으니까요

겨울에는 사랑하는 일에
더욱 힘을 내렵니다.

새날

긴 어둠을 밀어 보내고
동쪽 하늘을 붉게 태우며 오늘이 밝아온다
잡을 수 있을 것 같은
시간 속에 담긴 희망을
노크해서 문을 열고
버려야 하는 후회는 눈감아 주며
새로운 길 위에 서 있자
다시는 지난 일 때문에
아파하지 말고
외로워 말고
높은 벽 앞에 서지 말고
미소 담은 얼굴로
앞에 놓인 새날이란 시간 위를
거침없이 걸어가자.

홀씨

하나의 홀씨로 던져져
서릿바람에 찢어지게
슬피 울고
세월에 꺾이지 않으려고
발버둥을 쳤다

한동안
버려지는지도 모르고
안타까움만 데려다
한숨을 친구 삼았다
아프다는 것
외롭다는 것
화려한 사치처럼 느낄 수밖에
그렇게
하늘을 날아갈 홀씨 될
준비를 해야 한다.

포장마차

찢어진
포장 사이로
새어 나오는 불빛
어둠을 가른다

세상 험담 잡담
모두 터트리는 입들
기우뚱대는 세상처럼
쩔룩거리는 나무의자
그 속은 누구도 범할 수 없는 천국이다

고향집 어머님 같은 여인은
연신 웃는 얼굴이다

소주 한 잔에 고갈비
불그레한 모습들은
꾸밈없는 젊음의 넋두리 같은 것.

반달

어두운 하늘 등지고 껌뻑이는
반쪽뿐인
너를 보고 있노라면

유년의 추억 담긴
고향 하늘이 생각난다

함께 손목 잡던
동네 친구의 모습이 떠오른다

옷고름 속으로 숨기던
예쁜 여자 친구의 마음을
지금도 훔치고 싶다.

하루

저기
멀리 보이는 곳에서부터
먼동은 떠오르고

새벽닭 울음소리에 놀라
선잠 깬 아낙은
눈꺼풀에 매달린 졸음을 털고
아침을 맞이하는데

찬바람 밀치고 피어난
작은 매화꽃 향기는
바람에 날려
멀리 길 떠날 준비를 하고

사각사각 발걸음 옮기던 낮달
지친 몸 추스르며
긴 꼬리 달고 산비탈 계곡 지나
서녘 하늘로 돌아가고 있다.

황혼(黃昏)

남기지 못하고 돌아가야 할
그날이 언제인가

시샘 많은 시간을
줍고 또 주워
가지고 갈 곳도 없으면서
애처로운 발버둥

봄날엔 봄을 심고
가을엔 열매를 담고

푸른 가슴으로 피어나서
노을 진 하늘에
작은 구름처럼
주름진 그 길에서 서성거리며
아쉬움에 눈물 떨굽니다

황혼에 절은 마음에 고독을
한 잔 가득 부어놓은 술잔 위로

〉
비도 내리고 낙엽도 떨어지고
눈도 내리고
바람도 심술부릴 것입니다.

바람

내 짧은 언어로
너를 불러 앉힐 수 있다면
너를 바랄 수 있다면

지금이라도
행복한 불꽃을 피우리라

미워할 수 없는
너이기에 빈 마음으로

그날처럼
말하지 않아도 가슴 닿는
네 곁에 남아있고 싶다.

대문 위의 능소화

밤새워 붉은 꽃 피워
하루가 멀다 하고
눈물처럼 떨어진다

가지 많은 잎새로
바람도 휘저으며

삐걱거리는 대문 소리에 놀라
또 한 꽃이 죽어간다

단 한 번의 사랑도
단 하나의 열매도 맺지 못하고

피었다 떨어지고
피었다 떨어지고
남는 것은 시퍼렇게 멍든 잎새들뿐….

파도

하루에
수만 번 부딪치며
산산이
부서져도
사랑을 위해
다시 찾아가리.

봄비 1

봄비는
겨울 싸락눈을 보내며

작은 꽃망울을
데리고 와
봄 마당을 두드린다

겨우내 움츠려 있던
나무들의 기지개를 도우며
날밤이 새도록
지붕을 두드리며
소식을 내려놓는다.

사파에서 하노이로
- 2024 베트남 사파 여행 중에

지휘자도 없는 악단의 오케스트라 연주가 시작되고
굵은 빗방울이 아스팔트 건반 위를
심술처럼 두드린다
시간을 잊어버린 어둠이 미리 와
시야를 어지럽히고
앞길을 훼방 놓고 있다
다가올지 모를 두려움이
빗소리 속에 담겨 차창을
쉼 없이 노크하고 있다
이성을 묶어버린 하늘이
더 심술을 부리고 싶어
밤알 같은 얼음덩어리를 쏟아붓는다
시야 속의 길은 자신의 기능을 상실하고 있다
두려움으로도 감당할 수 없는 침묵의 끈이 이어지고 있었다
빗소리 뒤에 숨어 웅크리고 있던
출발의 기억을 담고 있는 하노이엔
다시 어둠은 걷히고 햇살이 반기고 있었다.

판시판
  - 2024 베트남 사파 여행 중에

산은 산이 아니었다
안개가 눈을 가리고
구름도 올려다보아야 하는 신선의 마당이다

그곳에 인간이 할 수 있는
최상의 작품들이
표현할 수 없는 모습으로 전시되어 있었다

작가는
신선의 전시 마당에
화려함도 아닌
고풍스러운 그림들을
걸게도 없이 걸어 시선을
묶어서 멈춰 놓는다

판시판!

노년에 부서질 것 같은 무릎이 데려다준 고마움
다시 오를 수 있을까
예약도 할 수 없는 나에겐
내려오는 케이블카 속에서 보이지 않는
최상의 미소를 고정시켜 놓고 있었다.

눈사람

함박눈
쏟아지는 날
반나절
손 부르트며
만든 그 사람

한낮
심술 햇살에
내 마음속으로
녹아내린
당신 모습.

봄비 2

봄비는
꽃비를 만들어
하얀 융단을 깔아놓는다

겨우내
움츠려 있던
기억을 하얀 벚꽃에
적으며
주르르 흘러내린다

빗소리 속에
들려오는 꽃잎들의
노랫소리가
빗줄기 타고 흘러내린다.

빈 것(空)

구름 없는
빈-하늘

나룻배 없는
빈-강

기러기 없는
빈-노을

사랑 없는
빈-가슴

갈매기 없는
빈-바다

언제나 채워지지 않는
빈-마음

그리고
내 빈-주머니.

소

밭고랑 논고랑 쟁기질
회초리 소리
더운 바람 가르는 날

눈물 고인 눈 껌벅이며
끌고 끌며 살더니

죽어 껍질 벗겨
북장구 되어

아직도 못다 맞은 매
혼 사르는
북쟁이 장구재비에게

언제까지 살점 가르는
매를 맞으려나.

어디에 나를 두고 오듯

세월 어디쯤에 있을
추억 속에 나 늘 놓고 오듯
그냥 생각 없이 흘러왔다

좋은 기억 속에 놓고 오지 못한 아쉬움이 깊어져
이 고생이구나! 푸념뿐이다

나를 두고 오지 못한
그 시간 속에 담긴 미련을 돌려놓을 수 없다는 게

아픔이고
사랑이었다고.

제3부

어제와 오늘 사이

4월

하얀 벚꽃비가
촉촉이 내리는 날이다

작은 씨앗 하나
잠 깨어 초록 얼굴로
새벽마다 출렁대는
그리움의 다리를 건너온다

보랏빛 목련
웃는 꽃잎으로
피어나라고
파란 떡잎 펼쳐
4월의 노래를 적는다.

낙화 2

그대 환한 얼굴이
노을 뒤로 지려고 합니다
길 떠나야 할 때가
되었나 봅니다
이런 봄 초록 문을 밀치고
성큼 들어선 그대
한바탕 화려함을 펼쳐놓고
웃음 지우더니
작은 빗방울에 두려움으로 떨어져
나무 끝에서 손을 놓고
가야 할 길 위로
한 걸음씩 옮겨놓고 있다.

단풍

봄부터
오래도록
기다려 준
그대가

유혹의 눈길을
던질 때마다
붉은 얼굴로
마음까지 담아
혼절하여 떨어진다.

봄바람

봄바람이
문을 두드리는 소리
창문을 열었다
꽃잎까지 함께 들어와
봄소식을 알린다
내 마음도 파란 옷으로 갈아입고
햇살에 고맙다고
고개를 끄덕인다.

어제와 오늘 사이

공간(空間)
시간은 걸음을 재촉하고

하나씩 채워지는
일과 일들
그 속에 지워지지 않는
아픔과 미련들이
속삭임을 남긴다

다시 새날로
가야 하는 두려움과
기대가 아스팔트 위에 움푹 파인
물웅덩이 앞에서 멈춰 서 있다
꼭 건너뛰어야 하는
삶의 이치가 기다리고 있다.

동행

내가 가는 길
멀다 말고
따라오십시오

떠난 자리 애써 혼자 채우지 말고

한걸음 나 먼저 가
그곳에 자리를 잡겠습니다
당신의 자리까지

오실 땐 따스한
그 가슴도 함께 가져오십시오

내 찬 가슴 데워줄
작은 불씨도 담아서 오십시오

기다리는 시간이 길지 않도록….

빈 휘파람

나 숨지기 전
돌아가야 할
어머님 품속 같은 흙냄새
널판지게 깔려있는 곳

울다 지친 두견이 소리
날 오라 불러주는데

검정 고무신 구멍 나
발 아파 못 돌아가는가

빈 들판에
저녁은 노을 앞세워 오는데

햇살 금가루 뿌려놓고
내 발자국 소리 기다리는
나 돌아가야 할 고향

언덕 위에 빈 휘파람 소리
흔들리며 날아가는데
삶의 무게에 발목 잡혀갈 수가 없다.

거리의 무희

거리의 나목들 빛바랜 고깔 쓰고
광란에 춤을 춘다

신바람 나는
가을 무녀의 춤사위에
훨훨 날개를 달아 온몸을 펄럭거린다

돌아갈 길 없는
늙은이의 안타까운 주름살 같은 잎새
찡그린 미소 속으로 재촉하는 걸음걸음

거리의 나뭇가지들
갈 수 없는 발 묶인 안타까운 몸부림을
바람에 실어 보내고

덩실덩실 어깨 들먹이며
이제는 필요도 없는
빛바랜 춤을 추어댄다

떠나는 계절의 끝머리
소맷자락 붙잡고 애원하면서
선 채로 추고 있다.

1993년 12월 31일

해묵은 하루해가
길 떠날 채비를 마쳤다
조금씩 조금씩
다가오는 아픔처럼
외로워지는 오늘
추억으로 가고 싶어 하는 시간은
시곗바늘을 밀어붙인다
떨어지는 마지막 잎새처럼
잊어버리고 싶었던
길고 긴 사연으로 모아
술에 취해 비틀거리며
어느 거리에 뿌리고
한 장의 아쉬움 넘기기 싫어
잊어버리려는 마음을 모아
가슴에 감싸 안고 조금 남은 시간까지 허둥거린다
안 간다고 외쳐대는 마지막 숫자
귀머거리 되어 외면하고
길 떠나는 1993년 12월 31일 종이 한 장
이후 참 많이도 걸어왔다 2024년 5월까지.

5월의 편지

그대 푸른 잎새 펄럭이는
청춘의 계절에
발을 담그십시오

아카시아 향기에 취해
벌들도 혼절하는 오월

진홍의 모란이 고귀한
여왕의 날개를 펼치는
화려한 오월

그대 이름을 적으면서
발걸음 옮겨 놓으십시오.

벚꽃 지던 봄날

이별은 사람들만
맞이하는 게 아니다
화려한 꽃으로
찾아왔다가 쓸쓸하게
봄바람에 흔들리면서
해거름 노을처럼
가지마다 아픈 상처를
만들며 떨어진다
이별이 서럽지 않을 수 있겠는지
꽃 지고 가벼워진 가지에
푸른 잎새가 돋아나
다음 계절에 문을 열어주는
일을 하고 있을 뿐이다.

편지

내가 쓰는 편지 속에
내 그리운 마음을
다 담을 수 있다면

촉촉해진
내 마음을 열어
함께 보내주고 싶다

먼 산 메아리
소리 높여 되돌아오면
당신이 불러주는 이름인 줄 알고
대답하겠습니다.

흰 눈이 전하는 편지

먼 산에
화려한 잎
다 떨어지고
벌거벗은 나목만 남았답니다

산비탈엔 산을 그리며
흰 눈이 자리를 잡겠지요

아쉬움이 남기 전에
한번 가봐야겠지요
서운한 마음이 들기 전에
말입니다.

버린 고향엔

그 뜨락엔
콩깍지 없는 콩알이 마당을 굴러다닌다
한낮 햇살마저 외면하며 눈을 감는다
너른 마당 도리깨질하던
행랑아범 도시의 유혹에 줄행랑치고

주름진 계급장 달고
밭고랑 오가는 아버님 잔등 위에
뙤약볕 쏟아지는 날
굽은 허리춤 잡으며
베적삼 속에
송골송골 맺힌 땀방울도
가마솥더위에 말라 버렸다

굼벵이조차 없어진
초가 처마 끝에 참새 둥지
곯아버린 새알들은
세월의 굴레 따라 굴러
옛날의 강 건너가 버렸나
버리고 온 그 뜨락엔
기다림에 지친 억새풀만 춤을 추고 있다.

낙화 3

꽃은 지려고 피나 봅니다

긴긴날 애간장 다 태우고
몸 비틀며 피어나서

봄비를 포옹하고
벌 나비와 입맞춤하더니

소리 없이 한 잎 두 잎
꽃대궁 이별하며
떠나가려 합니다

꽃은 지려고 피어나는가 봅니다.

모란이 지는 날

오뉴월 그 밤이 짧아
화려했던 모란은 떨어진다

햇살 좋은 날
빨갛게 웃던 모습

돌아갈 날
깨닫지 못하고
그냥 웃다가 떨어지는 꽃잎

세월은 또
낮밤을 굴리고
잎새마저 떨어뜨린다.

강

어둠을 싣고
침묵하며 흐른다
길목마다
여울은 회오리 물살을 만들고
바윗돌에 두들겨 맞아
시퍼렇게 멍이 든다

쉼 없이 굴리던
물방아는 돌다 지쳐 가뭄에
목말라 삐거덕거린다

헐떡이며 따라가다 지친
침묵을 얹어놓고
흐르는 물줄기는
지친 산고개를 돌아가고 있다

해 질 녘이면 노을빛에 물든 강물은
잔잔한 반영을 만들며 지워지고 있다.

봄밤

내 마음 이렇게 어두워지는 것은
세월이란 녀석에 끌려가면서
아침이 오기를 두려워하기 때문인 것 같다

다시 눈 비비며 뜬눈 앞에는
폭풍의 여름 지난가을이 늙은 나뭇잎을 매달고
이별하는 손수건을 흔들고 있기 때문 아닌가 싶다

추억 저편에 그대 생각나는 것은
그대가 기억 속에서 봄밤 어느 마당가에
우두커니 서 있던 작은 감나무인 것 같은 환상이
감꽃을 소리 없이 피워내고 있기 때문이다

봄밤이 짧게 지나가는 것도
나하고 그대하고만 아는 갈래머리 철렁이던
유년의 생각들이 기억 속에 깜빡거리고 있기 때문이다.

잡초

세상에
잡초 아닌
풀이 어디 있겠는가
봄날 알 수 없는 새싹으로
고개를 내밀고
시선에 외면당하고
짓밟히면서
노란 꽃을 피우는 민들레

들녘 뚝방에 무수히 핀
하얀 망초꽃이
잡초인 줄 알고나 있겠느냐
그렇게 잡초처럼 태어났어도
한낮 뜨거운 햇살에
잎새가 시드는 고통이 와도
제 몫을 하고 사는 것
그것이 모든 삶의 의미일 것이다.

인생길 1

해는 어제오늘을
떴다 지고 졌다가 다시 뜨는데
걸음걸음이
자꾸만 빨라지고 있다

시간조차 눈멀고
귀 막혀 소리 없이 흘러가며
길옆의 푸르름을 외면하고 있다
외로움과 아쉬움은
기억을 지우며 손사래를 친다
누가 물으면 나도 모르게
이정표가 묵인한 길을 걸어 여기까지 왔노라

애꿎은 낮밤을 두드리며
대답할 수밖에 없는 길
세월 위에 얹혀 있는 인생이다.

꽃 사랑

바람은
조용히 다가와
꽃잎을 깨운다

잠에서 깬
잎새 위에
나비 날아와
입맞춤하고
날개를 펄럭이며
사랑 노래를 한다

그렇게
다시 잠에서 깬 사랑
두고두고
지워지지 않길

바람이 다시 와서
귓속을 간질이고 있습니다.

바른길

일렬로 서 있는 신작로에서
술에 취해 비틀거리고
상처 나지 않은 다리로
목발 짚고 길 위를 가는 걸음걸음
휘청거려야 되나
보릿고개 넘기는 시절도
다 지났건만
뱀탕 보신탕으로 배꼽 늘리고
가지 찢어지게 매달은
욕심 덩어리 커지기만 하는 세상

시궁창 길 수렁인 줄 알면서
이 발 빠지고 저 발 빠지면서
부끄러운 줄 모르고 버젓이 걷는 사람
훗날 남는 것은 동전 몇 닢도 가져갈 수 없는
허수아비같이 쓸모없는 빈 몸뚱이뿐일 텐데
누굴 위해 왜 그리 환장 병이 들었는지
이놈이나 저놈이나
그놈이 그놈이 되는 세상이 참 슬프다.

제4부

그냥 살다 보면

영산홍

이른 봄부터 불을 토하듯
붉은빛으로
보란 듯이 피어나더니

초여름 더운 바람에
숨통이 막혀 버려

몇 날 며칠
밤이슬 맞으며
목축이더니

어저께
밤새도록 잠 못 들고
울다 웃다 지쳐
시들어 고개 떨군 꽃잎이 떨어져 버렸다네.

상사화(相思花)

그리움은
가슴을 파고드는 화살이 되어
어디쯤에서 날아오고 있는 것일까
기다림은
얼마나 많은 날을 내 마음속에
멍들이고 있을까

그대 향한
마음은 바람 속에 숨어
날아가지만
볼 수 없는 아쉬움
슬픈 사랑 곱게 접어
한 잎 두 잎 떨구며
헤어짐에 눈물짓는다

기약 없는 만남은
기다림의 예약도 없이
하염없는 눈물 속에 숨겨온 사랑

〉
잎새는 시들어 고개 숙이고
어디서 햇살의 도움으로 곱게 피어나
어디로 흘러가는 그리움인가
그대 지울 수 없는 상사고(相思苦)
어둠 속에 연분홍 꽃잎은 떨어지는데….

계절병

찬바람이 쉼 없이
마른 가슴을 후려칩니다
낡은 콘크리트 벽 틈새 사이로
겨울이 찬바람으로 기어들어 오고
이유 없는 슬픔에
가슴은 얼어붙어 차가운데

가을은 마지막 잎새에
손을 놓으며 저만치 물러서 뒷걸음치고
들리지 않는 목소리는
담장 너머 돌아가는 바람으로 떠나갑니다

삶을 잃은 메마른 것들이
주인 떠난 봉당에 앉아
헛기침을 하고 있고
바람에 베인 가슴은
날카로운 계절병을 앓고 있습니다

〉
상사화 같은 그대에게
사랑하는 방법을 몰라
아픈 그리움을 열어 보여줄 수는 없지만
오늘도 시린 가슴을 풀어 놓고
눈물짓는 낙엽 위에
부치지 못할 겨울로 가는 편지를 씁니다.

당신의 손

아주 가까이
손 내밀 수 있는 당신

가까우면서
갈 수 없는 거리

내 어깨에 얹어놓은
무거움이 몸 전체를 누른다

닿을 수 있는 거리를
오가면서도
잡을 수 없는 손

나를 내려놓고 싶은
백지처럼 빈 공간

내 것인가 하여도
잡히지 않은 향기가
코끝을 맴돌고 있다.

하늘비

그리움 찾아
파란 하늘 버리고
수정알 되어 떨어진다

어딘가에
기다림으로 움츠리고 있는
따뜻한 마음을 줍기 위해
촉촉한 입술에 미소를 머금고

저만 아는 비밀로
님 향하는 마음을
헤아릴 수 없이 쏟아놓는다.

당신에게

오늘 밤 당신의 미소 지은 모습 보기 위해
달빛 불러 어둠을 눈감게 하겠습니다

오늘도 당신 기다림을 하면서
나의 방에 촛불을 밝혀 두겠습니다

해뜨기 전에 잠시 다녀가시지요.

여름 한낮

그 폭염 바람에 살을 베이고
화상으로 데인 아픈 한여름
뙤약볕에 살갗은 검게 타고
걸음마다 무거운 숨소리가
귓속에서 천둥을 친다

몇 년 전 시골살이 좋다고
아랫집 빨간 지붕 교장 선생님
밭뙈기에 고추 심고 감자 심은
초보 농사꾼 행세에 지친 머리는
자연 흰색으로 염색이 되고
씽씽하시던 그 사모님 허리 디스크
허리 협착증에 절룩거리며 마당을 서성인다

어쩌나! 동경하며 찾아온
전원생활 뼛속까지
다 골다공증으로 부러질 것 같다는 푸념이
남의 일 같지 않으니
농사꾼의 지친 하루가 푸념을 포개며 산고개를 넘는다.

같이 삽시다

삶의 모퉁이 길목마다
고단한 외로움이
쌓이고 있어도
잡은 손 놓지 말고
같이 갑시다
추억도 약처럼 끄집어내며
짙은 안개가 앞을 가려도
후후 불어 길 터주고
세월 길 어깨 위에
무거운 짐 반으로
나누어 가지며
노을 진 산등 위에 걸린 해를 보며
긴 한숨 함께 쉬면서
같이 삽시다.

길 위에는

아침 무거운 눈꺼풀이
시선을 가로막는다
삶에 지친 탓인지
숙제가 풀리지 않아서인지
이정표도 보이지 않고
행선지 예약도 정해지지 않는다

오뉴월 햇살이
몇 개 남지 않은 흰 머리칼을 헤집고
뜨거운 열기가 살갗을
붉게 부풀어 오르게 할 심상
화상이라도 입을 것 같다

검은 아스팔트의 열기가 발걸음을 옮길 때마다
접착제처럼 달라붙어 한 발 뛰어놓기가 힘든 길
내가 원하는 목적지를 향해 가는 길 위에
하얀 선이 그어진
건너기 싫은 건널목의 붉은 눈이
껌벅이면 잠시 마음의 쉼표를 만든다.

어느 여인 이야기

삶의 세월에
두들겨 맞아 피멍 든 가슴
아물지 않는 상처 깊숙이
피고름이 뭉쳐 있다

귀 기울이며
들어줄 누구도 없는 외로움
허공을 붙잡고
무언의 통곡을 풀어놓으며

인간사
맺혀있는 恨 덩어리를
쉼 없이 토해 놓으려고 한다

시린 눈 속에는
아픔의 눈물이
시선의 동공을 막고 있어
앞이 보이지 않는데

〉
누가 그를 위해
상처에 수술의 칼을 잡을까
그냥 대수롭지 않은 것처럼
얇은 귓전만 빌려주며
이야기를 듣고 있을 뿐인데.

낙동강 칠백 리
- 6.25 헌시(2007년 6월 6일 국립현충원에서 헌시 낭송을 마치고)

산허리를 휘감으며
세월을 안고 흘러가는 칠백 리
깊고 얕은 물속에
수많은 사연이 여울을 돌아
가끔은 검푸르게 멍들고
하얀 모래사장 모래톱에
새들이 발자국을 남기며
사연을 적는다

옛날 6.25
그곳에 총소리에
모란 꽃잎처럼 떨어지며
피 흘린 피난민의 원혼이
강물 위에 울렁이며
아직도 통곡하는데
언제 잊어버린 세월이 되어
기억 속에 묻혔는지
피난길 어린아이는
검정 고무신에 핏물 고이고
고사리손 놓칠세라 칭얼대던 아이는
검은 머리카락을 셀 수 있는
다시 늙은 아이가 되어간다.

푸념

산골 외딴집에
가로등 하나 켜진다

자두나무 가지가 무성해서
불빛이 제구실을 못 하고 있다

봄이 오는 날
하얗게 핀 벚꽃을 친구 삼아
맞장구를 치며 밤새
바람 소리에 섞여 수다를 떨더니

오뉴월 무더위에
하루살이들이
얼굴에 주근깨를 만들며
귀를 시끄럽게 하고 있다

토끼 꼬리보다 짧은
하지는 다가오는데
밤새 뒤척이던
불빛을 잠재운 아침이
시골집 방안으로 들어와
어둠을 밀어내고 있다.

금계국 핀 길 따라

어느 모퉁이 돌아
신작로 길옆
노란 물결이 꼬리에 꼬리를 물고 출렁인다

모심기 끝난 시골
초록 방천 둑에
흐드러지게 핀 노란 얼굴
길가는 농부의 바쁜 발걸음을 해찰 부리게 하고 있다

한참 동안 정신 줄 놓고
꽃물결에 취해 있다가
단단한 어둠이
깊은 골을 따라 내려오면
노란 얼굴 외면하고
종종걸음으로
집으로 가는 길 재촉하고 있다.

꽃잎 떨어지고

붉은 꽃잎 떨어지고
꽃 진 자리에
작은 열매가 영글어 익어가고 있다
짧은 시간이 지나고
작은 손끝이 다가와
한 움큼 뿌듯하게 느낄 것이다
그래야 꽃 진 자리에 남아있는 상처가 금세 아물 것이다.

바람이

바람이 살며시 다가와
귓속말을 한다

보고 싶었다고
오랫동안 기다렸다고

다시
나를 찾아올 때
귓전 마당에
멍석을 깔아놓고
작은 목소리로 기다리겠다고 약속할게요.

그냥 살다 보면

살다 보면
그냥 살아질 수밖에 없다
가는 세월 탓하며
비껴가지도 마라
가는 길목 어둠도 기다리고
아침 햇살도 미소를 던진다
돌부리에 걸려서
넘어질 뻔할 때 손 내밀어 주는
친구와 연인도 있었다
어둠이 내려앉으면
별빛도 찾아와 주고
길목마다 가로등 불빛이
나를 위해 불을 밝혀 주고 있다
세월의 무게가 무거워도
빈 어깨 빌려주는 사랑하는 사람도 있었다
살다 보면 그냥 살아질 수밖에 없다
그냥 세월 길 안내받으며
따라갈 수밖에 없다.

꿈속에서라도

꿈속에서도 볼 수 없는 얼굴
한여름 날
시골 마당에 멍석 깔아놓고
깊은숨 몰아쉬시던
해수병 깊은 골을 헤어나지 못하시고
하늘길 가신 내 어머님
깊은 밤 달빛 깰라 발자국 소리 죽이시고
짧은 여름밤에라도 꿈속으로 들어와
한번 다녀가시면 좋겠네요
가신 날 오십 년 지났어도
지워지지 않은 모습
꿈이 아니면 불러볼 수 없는 이름
오늘 밤 어둠의 강 건너
꿈속을 빌려 한번 다녀가시지요.

봄이 오면

봄이 꽃바람 앞세우고 오면
말없이 두었다가
여름이 오면 가게 하세요

아쉬움이 쌓여도
서운해하지 말고
붙잡지 말아 주세요

계절은 부른다고 오고
쫓는다고 가지 않습니다
그냥 때가 되면 가겠지요

세월도 붙잡아도 가고
하루의 노을도
어둠이 검은 장막을 치면
눈을 감고 깊은 잠 속으로 빠질 겁니다.

이 순간

이 늦은 밤 창문 밖으로
달과 별을 함께 볼 수 있는 것
나만 가진 행복이라고 할까

달은 빛살을 창문 안으로 던지며
나를 유혹하고
영원한 사랑을 노래하는 소프라노
귀뚜라미 연가가
밤을 사로잡는데
아름다운 사랑아
침묵하지 말고 나를 불러 다오.

추억 속에 담긴 어린 날

내 어린 날
검정 고무신 하나 가득한
가난을 벗어 버리려고
맨발로 시오리 길을 뛰었다

종달새 놀다 간 널따란
보리밭 한가운데
반가운 듯 기다리는 보리깜부기
한 움큼 꺾어 허기진 입안 가득
담아 넣는데

삼베 보자기 싸서 허리춤에 맨
책들이 왜 그리 무거운지
양철 필통 속의 연필들 몸살이 나고

학교 늦을세라 방천 넘어 냇물 건너
허겁지겁 달려가던 그날들이
아직도 어머님 마음처럼 아픔뿐입니다.

인생길 2

버겁게 지나온 길
검은 벽 앞에 섰다

힘없는 걸음은
밀고 지나갈 수가 없다
얼마나 고달팠는지

검은 눈물이
앞자락을 적셔서
검정 옷이 되었다.

| 작품 해설 |

시련 극복하기와 그리움의 꽃 피우기
- 김명동 시인의 12시집을 감상하며 -

문학평론가 리 헌 석
《한국예술뉴스》발행인 겸 회장

1. 어둠과 안개가 길을 막아도

    삶의 모퉁이 길목마다
    고단한 외로움이
    쌓이고 있어도
    잡은 손 놓지 말고
    같이 갑시다
      -「같이 삽시다」 일부

  새로운 세기가 시작되는 2000년대의 사회 분위기는 희망과 우려가 공존하였습니다. 그 시기에 만난 김명동 시인은 문단의 일꾼을 자처하였습니다. 큰 일이거나 작은 일을 가리지 않고 솔선하였습니다. 중소 건설회사를 경영하던 분이 갑자기 시인으로 등단을 하고, 새로운 문학단체를 조직하더니, 동인지를 발간하고, 시화전을 개최하며, 시 낭송에도 앞장을 섰습니다.

필자 역시, 그 시기에 대전문인협회 회장을 맡아 다양한 문학 활동을 시행하던 때였기 때문에 서로 간담상조(肝膽相照)하기에 이르렀습니다. 앞의 시는 서정적 자아의 일반화된 권유일 터이기에, 다양한 사람들이 공유할 수 있는 주관적 정서를 내포하고 있습니다. 이와 같은 작품을 감상하기로 합니다.

> 길 위에 잠시 서 있으면
> 어디로 가야 할지
> 눈앞에 들어오지 않을 때가 있다
> 방황의 끝이라고 생각 말고 기다려 보자
>
> 안개 속에 가려졌다고
> 길이 사라진 것이라고 생각 말라
> 햇살이 내리면
> 눈앞에 길이 기다리고 있을 것이니
>
> 어둠과 안개가 길을 막아도
> 길은 언제나
> 마음속에 활짝 문을 열고 있다
> 다시 발걸음을 옮기면 되는 것이려니.
> －「앞에 놓인 길」 전문

 이 작품은 시인이 객체인 대상에게 당부하는 양상이지만, 때로는 시인 스스로에게 당부하는 '다짐'의 성격을 띠고 있습니다. 중소 건설회사를 운영하는 것도 쉽지만은 않았을 터이지만, 문학을 비롯한 예술 분야에서 열심히 활동하며 '손익 분기점'을 기대하는 것은 지난(至難)한 일이었을 터입니다. 그렇다고 해도, 그 순간이 방황의 끝이라 생각하지 말고, 더 기다리며 기력을 충전하여 나아갈 것을 권유합니다.

가야 하는 길이 안개에 둘러싸여 앞이 보이지 않을 수도 있지만, 언제인가는 안개가 걷힐 것이고, 밝은 햇빛이 찾아올 것입니다. 그러하매, 마음의 문을 활짝 열고 기다리다가, 다시 발걸음을 떼어 앞으로 나아가기를 권유합니다. 이렇듯이 자신을 비롯하여 독자들에게 감당하기 어려운 시련이 닥치더라도, 힘을 내어 극복하기를 바라는 내면이 오롯한 작품입니다.

2. 옷고름 속으로 숨기던 마음

>그리움은
>가슴을 파고드는 화살이 되어
>어디쯤에서 날아오고 있는 것일까
>기다림은
>얼마나 많은 날을 내 마음속에
>멍들이고 있을까
>― 「상사화(相思花)」 일부

무릇 사람들이 그리워하는 바탕은 '결핍(缺乏)'과 닿아 있습니다. 사랑이 이루어졌다면, 그리움이 아니라 환희(歡喜)나 충만(充滿)을 노래하였을 터입니다. 정서적 안테나가 일반인들보다 더 예민한 시인들이 어떤 대상을 그리워하는 것은 그 대상과 일체가 되지 못하였음을 방증(傍證)하는 단서입니다. 그리움이 절실하면 절실할수록 그리움의 대상을 만날 확률은 멀어질 것입니다.

그리움의 대상을 기다리는 것도 동일한 궤적으로 그려집니다. 아무리 기다려도 대상을 만날 수 없을 때, 그 기다림은 절망하기에 이르고, 초자연적인 사물에 정서를 의탁하기도 합니다. 그런 정서가 오롯한 작품을 감상하기로 합니다.

> 어두운 하늘 등지고 껌뻑이는
> 반쪽뿐인
> 너를 보고 있노라면
>
> 유년의 추억 담긴
> 고향 하늘이 생각난다
>
> 함께 손목 잡던
> 동네 친구의 모습이 떠오른다
>
> 옷고름 속으로 숨기던
> 예쁜 여자 친구의 마음을
> 지금도 훔치고 싶다.
>   − 「반달」 전문

〈반쪽뿐인/ 너〉는 '반달'일 터이고, 반달은 상현달과 하현달이 있지만, 반을 채우지 못한 사물의 속성을 지니고 있습니다. 어두운 하늘을 등지고 있어 반쪽만 환한 달입니다. 그러하매 나머지 반은 그리움의 영역으로 남아 있게 마련입니다. 그리움의 영역으로 남아 있는 반쪽에 시인은 고향의 하늘을 그려 넣습니다. 그 고향은 손목을 잡던 동네 친구의 모습으로 환치되지만, 이 친구는 남자 친구가 아니라, 당시 예뻤던 여자 친구여서 잊을 수 없는 서정의 주인공으로 자리 잡습니다.

특히 〈옷고름 속으로 숨기던/ 예쁜 여자 친구의 마음을/ 지금도 훔치고 싶다.〉는 강렬한 욕구는 도저히 이루어질 수 없는 소망이어서, 헤아릴 수 없이 큰 소망으로 남습니다. 이처럼, 반달의 빈 여백에서 비롯된 그리움이 기다림을 낳고, 이루어질 수 없는 기다림이 애상적 정서를 생성합니다. 그리하여 독자들 역시 가슴 떨리는 감동을 공유할 수 있을 터입니다.

3. 눈물 고인 눈 껌뻑이며

> (강의) 길목마다
> 여울은 회오리 물살을 만들고
> 바윗돌에 두들겨 맞아
> 시퍼렇게 멍이 든다.
> 　- 「강」 일부

강이나 바다에서 폭이 좁아 물살이 빠르게 흐르는 곳을 '여울'이라고 합니다. 특히 강에서는 폭이 좁거나 강바닥이 경사를 이루어서, 바위나 돌이 깔려 있게 마련이고, 그로 인해 여울 소리가 크게 울립니다. 한쪽으로 치우친 여울에서는 물살이 회오리를 치며 흘러서 수심이 깊은 곳도 있습니다. 이곳의 물은 푸른색을 띠는데, 바윗돌과 부딪쳐서 시퍼렇게 멍이 들었다고 노래한 것 같습니다.

  '여울'은 물살이 세게 흘러 사람이나 나룻배가 건너기 힘듭니다. 그리하여 강에서의 여울은 백 미터쯤 위쪽이거나 아래쪽 물결이 잔잔한 지점에 나루터가 있게 마련이고, 이곳에서 나룻배로 건넙니다. '여울'은 물결이 세어서 건너기 어렵기 때문에 '고생' '시련' '역경' 등의 이미지가 생성됩니다. 이러한 이미지에 '희생'하는 이미지를 융합하여 '소'를 형상화한 작품을 감상하기로 합니다.

> 밭고랑 논고랑 쟁기질
> 회초리 소리
> 더운 바람 가르는 날
>
> 눈물 고인 눈 껌벅이며
> 끌고 끌며 살더니
>
> 죽어 껍질 벗겨
> 북장구 되어
>
> 아직도 못다 맞은 매
> 혼 사르는
> 북쟁이 장구재비에게
>
> 언제까지 살점 가르는
> 매를 맞으려나.
>   - 「소」 전문

소가 끄는 쟁기를 따라 밭에도 고랑이 생기고, 논에도 고랑이 생깁니다. 지금은 사라진 영농법이지만, 오래전에는 앞에서 끄는 소를 재촉하느라 회초리나 코뚜레 줄(고삐)로 소의 엉덩이를 때리며 소를 부렸습니다. 힘든 소의 크고 둥근 눈에는 눈물이 그렁그렁합니다. 눈물 고인 눈을 껌벅이며 쟁기를 끌어 논과 밭을 일구었습니다.

이렇게 고생하며 농민들의 고된 일을 도왔는데, 어느 날인가 소를 도살(屠殺)하고, 살은 소고기로 식용하고, 소가죽은 벗겨 북이나 장구의 재료로 사용합니다. 북쟁이는 소가죽으로 만든 북을 치고, 장구재비는 장구를 치는데, '언제까지 살점 가르는 매를 맞으려나' 소에 대한 연민의 정서를 환기합니다. 인간의 문화와 문명을 위해 고생하고 희생한 소, 사람에 따라 소처럼 희생하며 사는 삶이 있을 수 있기에, 더욱 먹먹한 정서를 생성하는 작품입니다.

4. 네 곁에 남아있고 싶다

> 소리 없이 한 잎 두 잎
> 꽃대궁 이별하며
> 떠나가려 합니다
>
> 꽃은 지려고 피는가 봅니다.
> - 「낙화 3」 일부

시인은 때로 애상적 정서를 작품화합니다. 꽃은 긴긴날에 애간장을 다 태우고, 몸을 비틀며 피어나서, 봄비를 맞으며 활짝 피어나더니 금세 집니다. 그 현상을 바라보던 시인은 '꽃은 지려고 피나 봅니다.'라는 시상(詩想)을 찾아냅니다. 태어나는 식물과 동물은 언제인가는 모두 지거나 죽게 마련이고, 이는 우주 만물에 주어진 운명이고 삶인데, 시인은 자신의 애상적 서정에 의탁하여 꽃의 삶을 바라봅니다.

  꽃은 지려고 피는 것이 아니라, 피었으니 언젠가는 지게 마련입니다. 그러나 시인은 꽃이 피었다가 지는 시기가 너무나 짧기 때문에, '꽃은 지려고 피는가 봅니다.'라는 애상적 정서를 꽃에 이입(移入)한 것 같습니다. 그러나 짧게라도 사랑을 나누고 싶은 내면, 맑고 고운 서정으로 반듯한 그리움과 기다림을 노래한 작품을 감상하기로 합니다.

> 내 짧은 언어로
> 너를 불러 앉힐 수 있다면
> 너를 바랄 수 있다면
>
> 지금이라도
> 행복한 불꽃을 피우리라
>
> 미워할 수 없는
> 너이기에 빈 마음으로
>
> 그날처럼
> 말하지 않아도 가슴 닿는
> 네 곁에 남아있고 싶다.

– 「바람」 전문

  시인은 아름답고 미묘한 언어를 활용하는 직분이지만, 자신의 그리움과 기다림을 표현하기에는 자신의 언어 구사에 한계를 느낍니다. 그리하여 내 짧은 언어로 너를 불러 '하나'가 될 수 있다면, 행복한 불꽃을 피우겠다고 노래합니다. 너무나 오래 그리워하고 기다리게 하였지만, 미워할 수 없는 대상이기에 마음을 비우고 곁에 남아 있고 싶다는 지고지선의 내면을 작품화하고 있습니다.
  어느 날이었던가, 그날처럼 말하지 않아도 서로 마음을 느낄 수 있는 그리움으로 그대 곁에 머물고 싶다는 시인의 오롯한 사랑, 이러한 사랑이 현대인들의 가슴에 물결치는 날, 우리 사회도 더 맑고 정갈해지리라 믿습니다. 이러한 믿음으로 김명동 시인의 시집 감상을 맺습니다.

내 삶의 교차로
김명동 제12시집

발 행 일 | 2024년 8월 20일
지 은 이 | 김명동
발 행 인 | 李憲錫
발 행 처 | 오늘의문학사
출판등록 | 제55호(1993년 6월 23일)
주   소 | 대전광역시 동구 대전로 867번길 52(삼성동 한밭오피스텔 401호)
전화번호 | (042)624-2980
팩시밀리 | (042)628-2983
카   페 | http://cafe.daum.net/gljang(문학사랑 글짱들)
인터넷신문 | www.k-artnews.kr(한국예술뉴스)
전자우편 | hs2980@daum.net
계좌번호 | 농협 405-02-100848(이헌석 오늘의문학사)

공 급 처 | 한국출판협동조합
주문전화 | (02)716-5616
팩시밀리 | (02)716-2999

ISBN 979-11-6493-339-6
값 10,000원

ⓒ김명동 2024

* 이 책의 판권은 저작권자와 오늘의문학사에 있습니다.
* 이 책은 E-Book(전자책)으로 제작되어 ㈜교보문고에서 판매합니다.
* 잘못 만들어진 책은 구입하신 서점에서 교환해 드립니다.

* 본 도서는 한국예술인복지재단 지원 사업으로 제작되었습니다.